The Flying Snail

And Other Poems
In Scots And English

The Flying Snail

And Other Poems
In Scots And English

By

John Waddell

*Blackie & Co
Publishers Ltd*

A BLACKIE & CO
PUBLISHERS LIMITED PAPERBACK

© Copyright 2002
John Waddell

The right of John Waddell to be identified as Author of
this work has been asserted by him in accordance with the
Copyright, Designs and Patents Act 1988

All Rights Reserved
No reproduction, copy or transmission of this publication
may be made without written permission.
No paragraph of this publication may be reproduced,
copied or transmitted save with the written permission or in accordance
with the provisions of the Copyright Act 1956 (as amended).
Any person who does any unauthorized act in relation to
this publication may be liable to criminal
prosecution and civil claims for damage.

First published in 2002

A CIP catalogue record for this title is
available from the British Library
ISBN 1 903138 10 8
Blackie & Co Publishers Ltd
107-111 Fleet Street
LONDON   EC4A 2AB

Cover Design by
Brian Jordan
www.kobweb.co.uk

Printed and Bound in Great Britain

ACKNOWLEDGEMENTS

I wish to thank my daughter, Isobel, for her never-failing support and encouragement, and my son, David, for his continued helpful criticism.

I owe thanks also to my former classmates, Chris Haxton (née Mailer) and Bob Ferguson, for their appreciation of my poems, and to Colin Young for introducing my poetry to the citizens of my home town, Auchterarder.

I give thanks also to the Harrow & District Caledonian Society for their kindly reception of my recitations, especially to Jim and Wendy Henderson for their encouragement, and most of all to Margaret Wignall whose enthusiastic appreciation of my poems in Scots has driven me to continued production.

Lastly I wish to thank Bettina Croft, of Blackie & Co. Publishers Limited, for her valued assistance in producing this book.

CONTENTS

I	**Inspired by Burns**	
	Message for R. Burns From A. Mouse	1
	Rab an the Moose	3
II	**House and Garden (Scots)**	
	The Vine-weevils' Plea to Suburban Gardeners	4
	Bird Talk	5
	To a Spider	6
	A Fishy Tale	7
	Sam Speugie's Sad Song	9
	To a Butterfly	10
	Fechtin Birds	11
III	**Medical Humours**	
	The Invalid	12
	In the Surgery	14
	In Hospital	15
	Salmonella Sang	16
	Ode to Influenze	17
IV	**Other Humorous**	
	Exultation	18
	Busman's Banter	19
	The Unco Sicht	21
	Retribution	22
	After the Meetin	23
	Hunter's Song	24
	Song of the Jealous Lover	25
	A Cannae Be Bothered The Noo	26
	Mother Goose's Advice	27

V	**Miscellaneous (Scots)**	
	Bruce's Spider	28
	Before Bannockburn	29
	Tae New Zealand and New Zealanders	31
	To Jimmy Mason	32
	Craigrossie	34
	The Bogle's Lament for The Decline of Belief	36
	Fish & Chips	38
	Nae Second Coming	40
VI	**In Scots and in English**	
	Deep Thoughts Inspired by a Slug (Eng)	41
	Deep Thochts Inspired by a Slug (Scots)	43
	AD AMICUM MEUM AD LONDINIUM HAEC CARMINA {To My Friend in London, These Verses} (Eng)	45
	Verses Found Recently at Ardoch AD AMICUM MEUM AD LONDINIUM HEAC CARMINA {To My Friend in London, These Verses} (Scots)	47
	The Cure (Eng)	49
	The Cure (Scots)	49
	Thochts o a Flyin Snail (Scots)	50
	The Flying Snail (Eng)	51
	Elderberry Wine (Scots)	52
	Elderberry Wine Anglais	54
	Postie Kemp, Contemplating Retirement	56
	For the English	56
	Answer to Aphis (Scots)	57
	Answer to Aphids (Eng)	59

		The Bluebottle (Scots)	61
		The Bluebottle (Eng)	62
		Winter Wauknin (Scots)	63
		Winter Wakening (Eng)	64
VII	Emotional Poems		
		The Girl With The Grey-green Eyes	65
		From the South	66
		From Dorset – April, 1944	67
		After So Many Years	68
		A Dream (Scots and Eng)	69
		Lament	70
		Lament for Ellen	71
		The Garden	72
		Alzheimer's (Scots)	73
		Alzheimer's (Eng)	74
		Blackbird's Song	75
		Braid Thochts Fae a Hame	76
		Octoplus	77
VIII	Nature		
		Codling Moth	78
		Mayflies	79
		O'er These Wide Moors	80
		Spring Song 2001	81
		To The Dandelion	82
		The Weatherman	83
IX	Scotland		
		Midges	84
		Scottish Morning Rolls	86
		Breakfast at Crianlarich	88

X   <u>Philosophical</u>

To A Friend	90
Life's A Game	91
Millenium	92
Nothing At All	93
Soft Touch	94
Of Course	95
Curmudgeon	96
The Litter-lout's Plea for Understanding	97
Lament for Greenhill, Harrow	99
SLC* (SearchLight Control)	101
The Game of Life	102
Glossary	105

INTRODUCTION

As a fellow Scot and a fellow member of the Harrow and District Caledonian Society, I was delighted when John Waddell asked me to write the Introduction to his book of poems 'The Flying Snail and Other Poems in Scots and English.'

John's poems range over many subjects, proving just how versatile he is. Some are written in English but most are written in Scots, the language he loves and most of them end with a 'twist in the tail' to make them funny, memorable or to make a serious point. Some, too, hint at the tragic as in 'The Blackbird's Song', or 'Alzheimer's', or the short and very poignant verse 'After So Many Years.' However, most are written to entertain, some even make you laugh out loud when you read them such as his pithy poem 'Retribution', or 'The Unco Sicht' or 'Brave Ancestor.' I like the ones too that show off John's pawky sense of humour as in 'Deep Thoughts Inspired by a Slug' (He likes his aphids and his slugs and snails does John), or 'The Invalid' or even better 'Lament for the Decline of Belief.' A slightly more serious poem is his 'In Praise of Craigrossie,' a tribute to his home town or 'hame toon' of Auchterarder. Most people remember their 'hame toon' with the same sort of affection. My favourite of them all is still 'Elderberry Wine', one of John's earlier poems. It paints a nice warm, safe picture of Grannie in her old-fashioned kitchen baking her girdle scones - a time when the world seemed a much friendlier place.

I hope that everyone who reads John's book gets as much pleasure from his poems as I do. If you are Scottish or just love the Scottish language you need never be at a loss when the cry for a recitation goes up – just reach for 'The Flying Snail' and open it at any page.

Margaret Wignall
Past President
Harrow and District Caledonian Society

JULY 2001
A Message for R Burns
From A. Mouse

Och Rab, ye gied me sic a fricht
When bang! Ye burst wi noise an licht
Through ma fine roof, sae snug an ticht
Intae ma den
An whaur A am tae bide the nicht
A dinnae ken.

But certes, Rab, A'll gie ye thanks
Ye didnae chase me ower the banks
For wi yer lang an limber shanks
Ye'd shairly catcht me,
An wi yer pattle two guid spanks
Wad hae dispatched me.

An thank ye for yer kindly thocht
For me - although gey dearly bocht.
Co-operation ay A've socht,
A'm prood tae say it.
An if o mine ye're wantin ocht
Ye're welcome tae it.

But dinnae fash yersel for me -
Gang yer gin gait and let me be,
An if ye'll only mak me free
O yaird and stack
A'll winter fine. Come hairst, maybe
A'll pey ye back.

But Rab, ye're richt. It's truth ye spell!
Whit lies afore us nane can tell.
Ye micht no hae sae lang yersel
An whit's ensuin,
Whether ye are for Heaven or Hell
Will no be plooin.

Rab an the Moose

The fermer chiel wis busy plooin
An laid the moosie's hoose in ruin.
He said, "A'm awfu sorry, moosie,
A doot A've been an wrecked yer hoosie."
The moose said, "A'm no criticisin,
Bit it's nae help apologizing.
A cannae stey here swappin banter -
Bit ye'll win fame fae ma mishanter."

The Vine-weevils' Plea
To Suburban Gardeners

All hail! Suburban gardens aw
That keep yer wee front gairdens braw
Wi bonny floors ye plant, in lots
O fancy terracotta pots.
But if ye're thrifty, shift tae plastic.
Nor mind if neebors wax sarcastic.
For whit ye pit in - please yersel,
An plant for beauty or for smell.
Thae winter pansies suit us fine,
An polyanthus are divine.
It's no sae much the floors, but fegs!
Yer pots are perfect for oor eggs.
We're mair nor happy oor wee grubs
Will thrive an prosper in yer tubs.
We'll tak a nibble at the shoots
The while they're feastin on the roots.
We'll munch awa, an winnae care
If the plant dees - there's plenty mair!
Sae noo A've tellt ye whit we're wantin
The rest is up tae you - get plantin!

Bird Talk

A'd hardly settled tae ma work
Or turned a divot wi ma fork
When there wis Robin, watching me
Oot o his bricht, black-button ee.
He fluttered roon, fae twig tae twig,
Tae supervise, an watch me dig.

"Robin," A said, "it isnae me,
A'm weel aware, ye've come tae see,
For tho ye mark ma ivry move,
A ken it isnae dune for love,
But ilka turf that A turn ower
Ye look for somethin tae devour."

"Ach!" Robin said, "It isnae greed -
A've aw ma squawlin bairns tae feed.
Thae hungry hatchlings in the nest
Gie ma puir wife an me nae rest.
Gin A'd foreseen sic darg an strife
A'd bided single aw ma life."

Said I, "Noo Robin, fine ye ken
A braw cock robin needs a hen,
An love's the very breath o Spring -
It fills yer hert, an gars ye sing."
"Aye," Robin sighed, "Nae doot yer richt,
But A' ll be gled tae roost the nicht."

To a Spider

Whit are ye daein in ma hoose?
There are nee flees tae tak.
An hark, afore A turn ye loose -
Ye arenae welcome back.

A thocht A threw ye oot yestreen.
A watched ye, whaur ye fell.
Bit noo, gin A believe ma een,
It looks jist like yersel.

Altho it's warmer in than oot
It's richer oot than in.
Were A tae let ye bide A doot
Ye'd sune be wake an thin.

Ah'll pit this tumbler ower yer heid,
This paper in ablow ye.
Now here's a fatter place tae feed -
This bushie, whaur A throw ye.

Ye'll hae the hale warld tae explore -
Gey sune ye'll get the knack.
Bit dinnae venture near ma door -
Ye arenae welcome back.

A Fishy Tale

A goldfish in the gairden pond
Wis speirin on the life beyond.
"Come Froggie, whit's it like oot there,
Wi nocht tae breathe but caller air?"
"Och," Froggie said, "oot there it's grand.
Ye'll find that there's a rowth o land.
The warld is big, o that A'm shair.
It gaes on for a mile or mair.
The gairden here, that smells sae sweet,
Gies on tae marshes, fu o meat,
For in ma jaunts A seldom fail
Tae find a juicy slug or snail."
"Ach!" said the fish. "Jist like a frog!
They think that Heaven is a bog!
For me, if it comes tae the crunch,
A couldnae thole a snail for lunch.
A like a worm, or for a filler
A widnae baulk at caterpillar."
"Weel," said the frog, "ye'll please yersel!
A grant it's no the Grand Hotel,
An hamely farin micht no suit
A swanky multi-coloured troot.
There's fowth o food for mooths sae denty,
There's caterpillars there a-plenty,
There's weevils, greenflees, beetles, grubs,
Mosquito larvae in the dubs -
Jist tak a trip oot there. Ye'll find
A feast for palates sae refined."

The fish said, "Dinnae tak the huff
Freend Froggie, for ye've said enough.
A'll tak ye at yer word, an try it -
A'm lookin for a change o diet.
A'll no forget A've you tae thank."
An oot he loupit on the bank.
"Guid help us!" said the gratefu cat,
"Here's denner served!" - An that wis that!

Sam Speugie's Sad Song

I saw a speugie clingin
The holly leaves amang,
An waefu wis his singin,
An this is whit he sang

Oh, sorry for oor sinning'
That's brocht this fearful curse,
Was bad fae the beginnin
An aye it's growin worse.

A saw ma freens aw deein
As ane bi ane they fell.
Noo here's an end o fleein
A'm no sae weel masel.

Nae mair ye'll rouse fae sleepin
An, welcome tae yer lugs,
Admire the cheerful cheepin
O flocks o freenly speugs.

Nae mair ye'll see us flutter,
Dry bathin I the dust
Or squabbling i the gutter,
Or fechtin ower a crust.

Noo is it in the watter,
Or something in the feed?
But sune it wullnae matter -
Yer speugs wall aw be deid.

To A Butterfly

A'm wae tae see ye stickit here
Sae delicate an braw,
Bit och! yer beauty cost ye dear
An brocht aboot yer fa.

Ye tholed the Winter's sleet an cauld,
In shape anither bein,
Then fae the chrysalis ye crawled
In Spring, an took tae fleein.

Ye flitted on, fae floor tae floor,
Suppin delicious nectar,
Until ye caught, in evil oor,
The ee o a collector.

Sic men hae thochts far, far abune
Ma ain. They hae a duty
Tae kill the thing they love, and pin
Fur iver, aw its beauty.

Fechtin Birds

As A gaed doon oor avenue ae mornin in the Spring
A had tae stop an listen when A heard a blackie sing.
He sat upon a rowan tree an sang wi aw his micht,
But lookin on the grass below A saw an unco sicht.

Twa blackies there were fechtin sair, (but seein they were hens
They werenae really black at aw, as everybody kens).
For shair they'd got their danders up, and lockit ticht thegither
They fairly made the feathers flee wi peckin ane anither.

A thocht, "This isnae feminine. It's no the thing tae do.
Whit maks ye think that bird up there will fa fur ane o you?
His singin is gey bonny, aye, but mebbe it's jist blethers.
A'm certain shair it isnae worth ye losin aw thae feathers."

They were sae set on battle that they had nae thocht o danger
Fae me, or cat or dog, or else the feet o ony stranger.
Tae stop the birds fae fechtin A took ane up in ma haun.
The ither wis dumfoonered, as to say,"Noo, whaur's it gone?"

"Geraff!" A said. "Get oot o here! Ye heard me. Come on,
                                             moosh!"
But still it widnae shift until A gied it a wee push,
Then aff it flew. When A let free the ane Ah held an aw
The Blackie in the tree gied up his sang an flew awa.

Av coorse ye're wantin me tae pint a moral, A've nae doot,
Bit A'll jist say that fechtin's no the wey tae sort things oot.
An Blackie hens: ye cannae judge a singer by his sang,
An if he flees awa - there'll be anither ane ere lang.

The Invalid

Whit are they daein doonstairs?
A cry, bit they dinnae tak heed.
A doot that there's naebody cares
Whether A'm livin or deid.
Hoo can they blether an laugh
When A'm sweatin here in ma bed?
If they wis tae find A'd gane aff
They aw wid be greetin instead.

The door bell! Someane has come in.
A winder noo, wha can it be?
Considerin aw A hae dune
They'll shairly be askin for me.
The neibors maun aw be upset
An thinking hoo much A'd be missed,
Though for the attention A get
Ye'd think that A didnae exist.

Sune they'll be haein their tea.
A hear the clink-clatter o plates.
Bit naebody's thinking o me.
Sae near tae the Heavenly Gates.
Bit whisht! There's a step on the stair,
An noo the door's opening, wi stealth.

"Ye're waukin then, John. Wid ye care
For some tea?" "Whit! In ma state o health?"

Here comes the doctor - at last
He isnae a minitt owre sune.
Much later, A'm shair A'd hae passed
Awa. A'm sae dwaibly an dune.
Whit's that, doc? That cannae be richt!
Sic havers is no tae be borne!
He says keep ma bed for the nicht,
Bit he thinks A can get up the morn.

In the Surgery

Losh! Whit a feck o folic
An bairns, tae, makin a din.
A think A'll jist hae a wee smoke
A whilie, afore A gae in.

Whit are they aw daem here?
The maist o them dinnae look ill.
The men are work-dodgers, A fear,
The wimmin jist wantin the pill.

That lassie there, white as a ghost -
She'd be better bidin at hame.
She shouldnae be here wi that hoast- -
If A get it she'll be to blame.

A've been here for near on an hour.
It seems A'm tae wait tae the last.
A got here at quarter tae fower
An noo it's near haun twenty past.

A think they should mak it a crime
For folk that hae gey little wrang
Tae tak up the doctor's time
An keep ithers waitin sae lang.

Aye, doctor! A'm here again.
Ach, no, doc, there's nae need tae check.
A want something for this wee pain
In ma - no, doctor, no in the neck!

In Hospital

A'm gled ye've fund time tae look in,
Bit ye ken that A've niver liked grapes.
Thae floors are gey dwaibly an thin -
Whit are they - some gairden escapes?

It's a gey nesty turn that A've had.
Hoo am I? Ye'll hae tae ask nurse.
There's whiles that A feel no sae bad,
Bit maist o the time A feel worse.

Noo here is the doctor come roon
Bit he has nae thocht fur ma pain.
A five-minute stroll up an doon
The ward, an that's it, an he's gane.

Ach, doc, dinnae ask hoo A feel
Ye ken that ye niver tak heed.
"Hoo are ye the day - very weel?"
Then it's on tae the next bed, wi speed

"A'm getting on brawlie! Ma foot!
A've got this mysterious pain.
A'm noo weel enough tae gang oot
Forbye that A live on ma ain.

Whaur dis it hurt? In ma breist …
Or is it doon here in ma … no …
I think noo ye've got it … at least …
It micht be a bittie below.

Ye're wantin ma bed, A can see.
That's why ye're for sendin me hame.
But mind y o this! If A dee
A'll haud ye entirely tae blame.

Salmonella Sang

I am a wee bacterium
Ettlin tae get inside yer tum
Whaur A'll divide an multiply
Awa fae aw the cauld ootby.

A dinnae mean ye ony herm
Jist board an ludgin fur a term,
An in yer wame, sae warm an sappy,
A'll feel at hame, an unco happy.

Ye'll niver jalouse whaur A am!
It's here, among the egg an ham.
Ye neednae look. A'm far ower wee
Fur you or any yin tae see.

A'm in this sarnie, on yer plate.
Ach, niver heed the 'use by' date,
But, mindin ye're a canny Scot,
(Ye've peyed them fur it), scoff the lot.

Whit's this? It has a foosty smell?
A hivnae noticed it masel.
An jist forget aboot the taste -
Ye cannae let it gang tae waste

Och, no! Ye daurnae! That's a sin!
Ye've gaun an couped us in the bin.
Ach, well! It's no sae bad in here.
We'll get to ye anither year.

Ode to Influenze

Awa wi ye, ye nesty bug,
A thocht A'd passed the winter snug
An cosy, influenza free.
Hoo daur ye come tae daunten me!
Yer very name can gar folk grue,
There's naebody that wants the 'flu.

Here in ma bed A shake an shiver,
An sweat pours aff me like a river.
A cannae sleep. A can but doze,
Ay waukin up tae dicht ma nose -
Ma nose sae sair, aw red an blue,
Wi constant wiping with the `flu.

A London fog becloods ma brain.
Ma legs an airms are no ma ain..
A stot an stummle in ma walk.
Ma throat's sae sair A daurna talk.
A remedy's lang overdue
Tae win the battle wi the 'flu.

The doctors sa they're maist desirous
O findin vaccines for the virus.
Come oan then lads. That wad be great
Pit oan yer skates! 'A cannae wait.
A'm bilin het! A'm frozen through!!
A' m fair forfochen wi the `flu.

Exultation

Anither masterpiece is writ,
An hech, man! A'm fell prood o it.
Nae ither scrievin chiel can be
A makar hauf as guid as me.
Puir sowls, nae doot they dae thir best,
Bit A stan far afore the rest.
Bit och, the pain! A sigh an groan! -
A feel anither comin oan!

Busman's Banter

Come oan noo, gin ye're gettin oan,
No staun there hesitatin.
Here, mannie, gie yer pal a loan,
He keeps awbody waitin.

Ach, shair, A ken Glenbogle Street.
That's 50p, the fare.
Noo here's yer ticket. Tak a seat.
A'll tell ye when we're there.

Whit's this? A franc? This isnae France
Ye mebbe didnae ken!
Can A change twenty pun? Nae chance!
A couldnae manage ten.

Sorry! Did A gie ye a jolt? -
Nae need tae mak a fuss.
Did ye no see that heidless dolt,
Step richt afore the bus?

Get aff ma bus lane, turnipheid!
Can ye no see the markin?
A doot the craiter cannae read -
Jist look at whaur he's parkin!

That speed-mad cyclist beltin past
Gies safety nae attention.
A'll bet that mannie disnae last
Tae draw his auld age pension.

We're stuck noo in a jam - it's aw
Thae motorists tae blame.
It's time they wir compelled by law
Tae walk, or bide at hame.

Och aye, A saw him wave his han,
But he'll jist hae tae wait.
Ma bus is fu, ye unnerstan,
When A'm ten minutes late.

Deil tak me, mistress! There's a laugh!
Ye've caught me on the hop.
A clean forgot tae let ye aff -
Ye're miles beyond yer stop!

The Unco Sicht

Yestreen a saw an unco sicht
But seein, gin a tell,
Ye'll swear A cannae hae it richt,
A'll keep it tae masell.

A'd willin tell ye whit A saw
Gin ye wad stop an listen,
But sin ye sniff and turn awa
Ye'll ne'er ken whit ye're missin.

But this A'll say: the lamps were lit,
The mune wis shinin bricht,
When, sudden, at the garden fitt
A saw an unco sicht.

Retribution

Yestreen when walkin up the glen
Gaun hameward fae the toun
A met a man A didnae ken
As he cam spankin doon.

This morning, makin tae the toun,
As A gaed through the glen,
Wha's this gaes up as A gae doon?
The man A didnae ken.

A gied a freenly nod, but he
Wis birlin on sae fast,
He niver even looked at me
As he gaed stridin past.

Gin A should meet that man the nicht
As day begins tae dim,
An he should nod, tae serve him richt
A winnae look at him.

After the Meetin

Hoo can A get hame the nicht?
Ma puir auld brollie's busted.
The fabric isnae water-ticht.
The frame's aw bent an rusted.

A hardly could believe ma lugs -
A thocht the man wis jokin.
He said, "It's rainin cats an dugs -
A doot ye'll get a soakin."

That TV lassie - A'll complain -
Has made an awfie blunder.
She said there micht be spots o rain,
No cloudbursts, hail, an thunder.

Gin a should get ma death o cauld
Wi soakin tae the skin,
Although A'm echty-five year auld
A'll sue the lass - an win!

Hunter's Song

When weary wi the huntin
A stacher harne at nicht
A've aw the meat A'm wantin,
Gin A hae coonted richt.

A hae nae bow an arrow.
A dinnae use a gun
A widnae hurt a sparrow,
An A dinnae hunt for fun.

It isnae elk or eland
That fills this bag o mine,
But lamb chops fae New Zealand,
An beef fae Argentine

Oor faithers took great pleasure
In huntin, wild, al fresco,
But me - A hunt at leisure
Alang the shelves at Tesco.

Song of the Jealous Lover

There is a lady, kind an sweet.
Her beauty rins fae heid tae feet.
In her the Graces aw combine,
But keep awa, because she's mine.

Her gentle voice is like a sang,
Her neck like swan's, but no sae lang.
Her een wi joy an love-light shine,
But no for you, because she's mine.

Her figure men wad queue tae see,
Her briests are aw that briests should be.
But it's nae use for you tae pine
Or try tae peek, because she's mine.

She's awthing guid. She's leal an true.
But gether this - she's no for you.
A think she's gey near haun divine.
Gae find yer ain, because she's mine.

A'll grant ye licence tae admire,
But if tae mair ye should aspire,
An if yer thochts tae love incline,
Then think again! She's mine, mine, MINE!

A Cannae Be Bothered The Noo

"Here, look, John! Yer breeks are aw torn, dear
The tail o yer shirt's showin through."
"Ach, A'll see aboot it the morn, dear.
A cannae be bothered the noo."

"Hae ye seen tae oor holiday bookin?
Ye ken ye aye get in a stew."
"There's plenty o time yet for lookin.
A cannae be bothered the noo."

"Bit ye'll hae tae ring up the hotel, dear,
Tae say when oor holiday's due."
"Whit wey dae ye no ring yoursel, dear?
A cannae be bothered the noo."

"Here, John, can ye no smell the smoke, dear?
A'm feart there's a fire in the flue!"
"Ach, this is nae time for a joke, dear.
A cannae be bothered the noo."

"Oh, John, did ye pey the insurance?
It's lang past the time tae renew."
"Ye nag me beyond aw endurance!
A cannae be bothered the noo."

"It's hame tae ma mither's A'm gaein -
A'm no bidin hameless wi you."
"Ach, wumman, whitiver ye're sayin,
A cannae be bothered the noo."

Mother Goose's Advice

Noo listen, goslings, gaither roon,
An stop yer squabbling. Settle doon
An hearken tae yer ma's advice,
For A'm no gaun tae tell ye twice.

Ye see thae craiters on the banks
Thae weird-like beasts wi yaird-lang shanks?
Jist swim aroon an they'll no heed ye,
But play them richt - ye'll find they'll feed ye.

There's whiles the wee yins think tae chase ye,
But haud yer grund an they'll no face ye,
Or, gin they dae, stick oot yer neck
An gie the nearest yin a peck.

The big yins, pester them enough,
They'll throw ye bits of bread an stuff.
The best tae try are aulder folks
Wi sandwiches in plastic pokes.

The auld, an wee yins, think it's grand
Tae haud oot something in their hand,
For ye tae tak - it's safe tae risk it.
Ye'll find it's cake or tasty biscuit.

Whit can we dae in recompense?
Ye gormless gosling! Whaur's your sense?
Up on the bank, whaure'er we pass,
Dae we no fertilise the grass?

Bruce's Spider

Whit are ye starin at, ma mannie?
Gie ower yer glowrin. It's no canny.
Ye fairly pit me aff ma spinnin -
A'll hae tae start fae the beginnin.
That's twice ye've gard me brak ma threid.
A've spilet ma web, aw ower the heid
O you, ye glaikit gowk. But mebbe
Ye think tae steal fae ma bit webby,
Tho that wad be an awfu waste.
A doot ye'd hardly get a taste.
A bluebottle maks me a feast
Whaur ye wad want a rat, at least,
And aften A'll hae tae ma tea
A midge that ye can hardly see.
(Gin ye think 'tea' anachronistic
Jist mind that A'm a seer an mystic.)

But och, ma man, A see ye gantin.
It's no ma denner that ye're wantin.
Noo that A've looked ye ower A think
Ye dinnae seem ower that perjink.
Ye're fair forfochen, weet, an weary.
Ye're like a man wha's lost his dearie,
An fine A ken whit that can mean,
For A jist ate ma ain yestreen.
A miss him noo, that mate o mine
Bit och! it's true he tastit fine.
Hae a wee snooze an ye'll feel better,
An come the momin ye'll forget her.
An then A hae a sma request -
Ma ain's the company A like best,
Sae ye maun leave me aw ma lane
An seek a cavie o yer ain.

Before Bannockburn

Bruce, mounted on a palfrey, surveys the field

Bruce	Come, naggie, we'll jist dauner oot Tae see whit Edward is aboot; A wee step mair, till A can see Gin there be aught tae daunten me.
Palfrey	A niver, iver, thocht tae gang Whaur spears an arrows are sae thrang, An shairly whit the maister needs Is ane o thane great clumpin steeds.
Bruce	That's faur eneugh oot noo. We'll stan The whilie A spy oot the lan. Guid sakes! Bit they've a wheen o men! They'd mak oor ain twice ower again.
Palfrey	Maister, A'm shiverin wi fear. It's time that we got oot o here. Here comes a knight, in shinin steel. He disnae look tae wish us weel.
Bruce	Stan still, ma naggie. Gin A flee Oor men'll think the waur o me, Sae haud me up, or ca me doon, A'll hae tae settle wi de Bohun.
Palfrey	Dear maister, see hoo fast he moves, An hark! the thunner o his hooves. A'm fair in terror o that lance. A dinnae think we hae a chance.

Bruce	Aye, noo he's got his lance in rest
	We'll sune see wha comes second best.
	We'll stan oor grund, whate'er betide.
	Stan still! Stan still!! Noo step aside!!
Palfrey	Losh, man! Ye hit im sic a crack
	Ye've split his heid richt doon his back.
	Come Edward on! A dinnae doot
	Ye are the man tae sort him oot!
Bruce	Puir fule! A've sent his soul tae Hell,
	Bit och! he brocht it on himsel.
	Pray noo, nae mair o thae attacks -
	A've broken ma guid battle-axe.

Tae New Zealand & New Zealanders

Deep in the ither hemisphere
Ye're far awa, an yet sae near,
Hame tae oor brithers, sisters, freens,
Wha left oor bonnie Scottish scenes
In their stravaigin, restless youth
Tae seek their fortunes i the Sooth,
An, Lowlan Scots or Heilanders,
They aw became New Zealanders.

New Zealanders - a queer-like lot,
Aw tapsalteerie tae a Scot.
Hoo can ye stan, or walk aroon,
When aw the while ye're upside doon?
Ye cannae get your timin richt -
When we hae day, ye think it's nicht,
At Christmas - shairly it's a crime
Tae celebrate in simmer time.

Bit dinnae fash - it's jist ma joke!
A ken ye're maist like ither folk
But better, gin ye'll no forget
Tae keep a thocht fur Scotland yet.
Granted, ye'll hae New Zealand best,
But Scotland far abune the rest.
A country cannae but be guid
That hauds sae much o Scottish bluid.

To Jimmy Mason

Och, Jimmy, dae oor ears deceive us?
Can it be true ye think tae leave us?
Man, that wid be a blow maist grievous
Tae aw yer freens,
A solar-plexus punch, believe us -
That's whit it means.

Lang syne ye bade guidbye tae Rangers
(Eschewin Edin's money-changers),
An heedless o the snares an dangers
Held awa doon
Tae seek a livin among strangers
In London toon.

Bit sune the strangers wir yer freens,
Fae youngsters, barely past their teens
Tae douce auld bodies, men o means,
Aw fellow Scots
Refreshin weel-lo'ed Scottish scenes
Wi freenly tots.

An often, Jimmy, ye hae starred
In payin tribute tae the bard
Maist lo'ed in aw the warld's regard -
Immortal Rabbie -
Fae Timbuctu, or Crieff, or Chard,
Tae Abu Dhabi.

Bit fae yer freens, noo, A hear tell
Ye're no that short o words yersel.
On aw that hear ye cast a spell
Wi spoken riches,
An wi yer "Haggis" ring the bell
An gie folk stitches.

Gin ye maun gang, we'll hae tae steel
Oor herts agin the loss. The deil
Can we get sayin aw we feel!
Bit fine ye ken
That ane an aw we wish ye weel,
The best o men!

Craigrossie

Craigrossie is a freenly hill.
It has nae spite, nae lust tae kill.
It's no like some bleak Hielan ben
That lours abune a peacefu glen
Wearin a dark, unfreenly froon
An flingin muckle boulders doon,
Thinkin its aw a mirthful joke
Tae terrify defenceless folk.

It's no ane o thae fearsome hills
Whaur daft dare-deevils seek for thrills,
Wham cliff nor corrie cannae please
At less than echty-nine degrees.
Strecht up they gang, agin the sky,
Whaur mountain goats are feart tae try
Then doon they fa, a thoosan feet,
An leave their wives and bairns tae greet.

Tae the guid folk o Auchterarder
Its braes are jist a thochty harder
Than their ain weel-kent Ruthven Street,
Forby, they're safter tae the feet.
A dauner doon the Common Loan,
Syne oot by Coul and back by Cloan -
The circuit roon is easy dune
On a fine Sunday efternune.

An when ye scrammle ower the broo
Up tae the cairnie - och! The view!
The bonnie fields, the woods sae braw -
It fairly taks yer breath awa.
For backcloth, grand beyond belief
The muckle hills the back o Crieff.
An the Strath ye whiles discern
A shinin glint o windin Earn.

Here's tae Craigrossie, smiling doon
On bonnie Auchterarder toon.
"Bonnie?" A hear ye say. Och, well,
Ye see, A'm fae the place masell…
Wi sunshine on its Simmer braes
Or shining white, in Winter claes,
Changin, yet changeless an serene,
It lifts the hert, delights the een.

The Bogle's Lament
for the Decline of Belief

This modern age o unbelief
Is cause o muckle pain an grief
Tae aw guid spirits, far an near.
Especially us bogles here.
We're gey reluctant tae complain
But faith! We maun defend oor ain.
An keep oor bargain wi the deil
Tae gar guidwives an bairnies squeal.

Gane are the days - A miss them sair -
When witches flew the darklin air
An bogles had their homage due
As ony witch that iver flew.
On a dreich day wi lowrin skies
Or mirk nicht, A'd materialize
A'd cause the lads tae lose their wits,
An frichten lassies intae fits.

Aye, Rabbie wis the lucky man,
Tae write ere oor decline began.
He kent, when we sprang oot on folk
On muneless nichts, it wis nae joke.
Wi herts maist like tae burst fae fear
They felt the deil wis hovrin near -
For ay we wrocht on his behalf,
An nane but Rabbie thocht tae laugh.

It isnae fair! It isnae richt!
A cannae noo gie bairns a fricht.
A'll loom oat o the mirk like mad,
But they jist cry, "Come off it, Dad."
An when they show nae trace o fear
Whit can A dae but disappear?
An tho A use a cloud o smoke,
They think it's jist their father's joke.

Noo auld beliefs an customs wither.
The Scots hae tint them awthegither.
A graceless, unbelievin race,
They daur defy me tae ma face.
Fae dour auld men tae lovers daffin,
Gin A appear, they burst oot laughin.
A'll haud awa tae haunt anew
In Harrow, Brent - or Timbuctu.

Fish & Chips

There is a food mair wholesome far
Than bacon, beef or caviare.
Ye'll hear its name on coontless lips,
"Please, can A hae some fish an chips."

Let cockneys keep their jellied eels,
Let Frenchies hae their fancy meals
Let foreign folk tak spicy dips,
But A'll jist stick tae fish an chips.

For pudding we gie Yorshire thanks.
For hotpot, thank the men o Lancs.
But the brave seamen on the ships
We hae tae thank for fish an chips.

Like Rabbie Burns, the king o men,
A'll tak some haggis, noo an then,
But haggis niver can eclipse
Ma weekly feast o fish an chips.

Let haggis on ma plate appear
Jist aince, or mebbe twice, a year,
Wi tatties, neeps, an whisky nips
It cannae beat ma fish an chips.

The seaside toons are sand an sea
An windy piers. Whit can it be
That fetches folk on seaside trips
If no tae get fresh fish an chips?

Efter a day on hill or plain,
Wi stomach rumblin' like a train,
Whit is yer dream? - tae get tae grips
Wi a big plate o fish an chips!

Nae Second Coming

Noo listen, Dad, A cannae gang
Through aw that pain again.
Ye ken last time it aw gaed wrang
Wi thae hard hertless men.

Oor message, Dad, they niver heed,
That men should aw be brithers,
An ilka lot, since A've been deid,
Keeps murderin the ithers.

An think o this - it's in oor name,
The shootin, bombin, burnin.
Ach, Dad, they hae nae sense o shame -
Thae folk are no fur turnin.

Aw richt fur you tae love the world!
They niver tortured you.
Ye had nae croon o thorns curled
Aw roon aboot yer broo.

Why did ye pit that aipple tree
Doon there, when ye began it?
Let's start again, sic fruitage free,
Upon some ither planet.

A dinnae like the world o men,
An - dinnae get me wrang -
If ye should send me there again,
Look, Dad - A winnae gang!

Deep Thoughts
Inspired by a Slug

You cold and slimy gastropod,
I cannot think you are what God
Intended when He fashioned you -
Plans can go wrong with something new.

When Eden's garden first began
God made it to His master plan,
With singing birds, and trees, and flowers,
For Eve and Adam's leisure hours,
And beans and lettuce for their food.
God looked, and thought that it was good
Alas! He had, it's plain to see,
No horticultural degree,
Else He'd have known that lettuce fails
To thrive when eaten down by snails -
Or was an angel sent to watch
O'er Eden's vegetable patch?

God knows what Adam had to eat,
But this for sure, it wasn't meat.
It must have been nuts, fruit and veg,
Garnished with herbs from field and hedge,
A healthy diet, we know now,
For man, as well as sheep and cow,
But none know what that diet means
Who have not lived on peas and beans
And Brussels sprouts and such like stuff -
For vegetarians, fair enough,
But Eve and Adam had no choice -
In Eden's plan they had no voice.

It was, as far as they could see
Not all it was cracked up to be.

For Adam, gardening was a curse.
He had no help, and what was worse
Than caterpillars, ticks, and bugs -
His lettuces were slimed by slugs,
And cabbages, to Adam's grief,
With ragged holes in every leaf,
Were fit for nothing but the midden,
And - worst of all - he was forbidden
The finest apple on the tree
For no good reason he could see.

Yes, Eden had its drawbacks still -
The slugs, and endless time to kill.
He ate the fuit, I have no doubt,
Because he wanted to get out.

Deep Thochts Inspired by a Slug

Ye cauld an slimy gastropod,
A cannae think ye are whit God
Intended when he fashioned you -
Plans aft gae wrang wi somethin new.

When Eden's garden first began
God made it tae his master plan,
Wi bonnie birds, an trees, an floors,
For Eve an Adam's leisure oors,
An beans an lettuce for their food.
God looked an thocht that it was good.
Alas! He had, it's plain tae see,
Nae horticultural degree,
Else he'd hae kent that lettuce fails
When eaten doon wi slugs an snails -
Or wis an angel sent tae watch
Ower Eden's vegetable patch?

Guid kens whit Adam had tae eat,
But onywey, it wisnae meat.
It maun hae been nuts, fruit, an veg,
Garnished wi herbs fae field an hedge,
A healthy diet, noo we ken,
For herbivores, an mebbe men,
But nane ken whit that diet means
Wha hasnae lived on peas an beans
An Brussels sprouts, an sic-like stuff -
For vegetarians, fair enough,
But Eve an Adam had nae choice -
In Eden's plan they had nae voice.
It wis, as far as they could see,
No aw it wis cracked up tae be.

Puir Adam! Gairdnin wis a curse.
He had nae help an whit wis worse,
Forbye the aphids, ticks, an bugs,
His lettuces were slimed wi slugs.
The cabbages, tae Adam's grief,
Wi feck o holes in every leaf,
Were fit for naething bar the midden,
An, worst of aw, he wis forbidden
The finest aipple on the tree.
For nae guid reason he could see.

Aye, there were drawbacks still in Eden,
Wi slugs - an then the endless weedin.
Nae winder Adam ate the fruit -
He wis sae anxious tae get oot.

AD AMICUM MEUM AD LONDINIUM HAEC CARMINA

(To My Friend in London, These Verses)

Hic non urbs est ... (etc)

Here it isn't like the City
For it's all just hill and glen,
And it may be mighty pretty,
But it's full of painted men.

With their screeching and their shrieking
In their fearsome wild attacks
You can tell they're not just streaking
Though they've nothing on their backs.

Yes, to come here was a blunder,
For they won't accept defeat.
They just will not knuckle under -
Never know when they are beat.

Still, it's grand here when it's sunny
And the hills are blue with haze,
And the air smells just like honey
In the long, bright Summer days.

But it's changed now altogether
With the icy winds they blow,
And the bitter Winter weather
Brings us fifteen feet of snow.*

An exaggeration. Marcus Thedepthus registers no more than eight feet.

Now I'm coughing and I'm wheezing
And I'm longing to get home
From this land of fogs and freezing
To the sunny hills of Rome.

Found in a bog near Ardoch, miraculously preserved.
In my translation I have tried to maintain the spirit of the
original, now unfortunately accidentally destroyed.

AD HARROVIUM SCRIPTUS AD 1998
par
JOHANNUS WADDELUS

Verses Found Recently at Ardoch

AD AMICUM MEUM AD LONDINIUM HAEC CARMINA

AD 3 ? ? (date indecipherable)
(To My Friend in London, These Verses)

Hic non urbs est ....　　(etc.)

Here it isnae like the city
fur it's aw jist hill an glen,
an it micht be awfu pretty
bit it's fu o pentit men.

Wi thir screechin an thir shrieken
in thir fearsome wild attacks
ye can tell they're no jist streakin,
tho they've naethin on thir backs.

Aye, tae come here wis a blunder,
it's enough tae gar me greet,
fur they winnae knuckle under -
niver ken when they are beat.

Mind, it's grand among the heather
wi the hills in simmer haze,
bit ye've niver seen sic weather
as they hae in winter days.

Ach, A' m wheezin an A' m hoastin
fur it's cauld an gettin caulder.
A jist hope A git a postin
afore A'm mucke aulder.

Found at Ardoch, incised on a stone tablet. AD1997. Evidently the writer thought his verses worthy of preservation, to go to so much trouble. No doubt a copy inscribed on vellum went off to London along with the military dispatches.

In my translation into a more modern tongue I have tried to maintain the spirit of the original. I leave it to Latin scholars, when they study the piece, to judge whether I have succeeded.

AD HARROVIUM SCRIPTUS A D 1998
par
JOHANNUS WADDELUS

The Cure

A went tae Doctor Broon last nicht
Tae see gin he wad set me richt.
"Ma hauns are shaky, Doctor Broon,"
A said, "an A keep faain doon."
He took ma pulse an smelt ma braith
An said, "Man, drink wull be yer death.
Hae less tae drink," he said tae me,
An sae A'm cuttin doon on tea.

The Cure

I went to Doctor Brown last night
To see if he could put me right.
"My hands are shaky, Doctor Brown,"
I said, "and I keep falling down."
He felt my pulse and smelled my breath
And said, "Man, drink will be your death.
Have less to drink," he said to me,
And so I'm cutting down on tea.

Thochts o a Flying Snail

Ach! Here A am, airborne again,
Tae satisfy the whims o men.
Up ower the fence A spin an soar,
An view the wilderness next door.

The air up here is awfu thin.
A doot A'm like tae clear the mune.
Bit noo A'm startin tae descend;
Anither flight is near the end.

The gairden A hae left behind
Wis jist like Eden, tae ma mind,
Wi lots o juicy biomass,
No like this patch o wizent grass.

The gairdner maun think it's sense
Tae send me birlin ower the fence,
Bit neebors, wise tae the attack,
Jist pick me up and birl me back.

Tae me it maks nae sense at aw
Tae substitute a tennis ba.
Awa an hae a proper match,
An leave me in ma lettuce patch.

A hear a step! A maunna bide!
Whaur can A find a place tae hide?
A cannae unnerstan thae men
Wha ..... Crivens! Here A go again!

The Flying Snail

Whoosh! Here I am, airborne again
To satisfy the whims of men.
Above the fence I spin and soar,
And view the wilderness next door.

The air up here is thin, at best.
I must be high as Everest.
But now I'm starting to descend -
Another flight is near the end.

The garden that I leave behind
Is just like Eden, to my mind,
With lots of juicy biomass -
Not like this stretch of withered grass.

The gardener must think it's sense
To whizz me up across the fence,
But neighbours, wise to the attack,
Just pick me up and whizz me back.

To me it makes no sense at all
To substitute a tennis ball.
Why don't they have a proper match,
And leave me in my cabbage patch?

I hear a step! I must not stay!
Where can I find to hide away?
I cannot understand these men
Who ... Crikey! Here I go again.

Elderberry Wine

Ma grannie wis a cliver yin. Her bakin wis a treat.
Her pancakes an her girdle scones wir fabulous tae eat.
Her dumplins an beef olives made the denner simply grand.
Her jams an jeelies were among the finest in the land.
But though her skill in cookery wis gey near haun divine
The cream o aw her kitchen wis her elderberry wine.

The wonder o her brewin brocht her fame fae far an near,
An connoisseurs agreed that it got better every year.
An strangers passin through the toon wad visit her in haste
Tae win ma grannie's favour an jist mebbe get a taste,
An if they got the offer they wad nane o them decline
A tassie o ma grannie's special elderberry wine.

Ae winter time ma grandfaither had got an awfu hoast.
He'd nearly cough his heid aff an he looked jist like a ghost.
He had tae ca the doctor in, though waefu at the fee,
An asked him in a whisper, "Dae ye think A'm like tae dee?"
The doctor only lauched and said, "Awa man! Ye'll be fine
Wi a gless or twa ilk nicht o yer wife's elderberry wine."

Ye've heard o Scottish justice, but ye've never heard the like
When Ah wis fined a fiver jist fur speedin on ma bike.
Ma faither only tellt me, "Weel, ye shouldnae be sae rash,"

Tho A wis jist a laddie. So A pleaded short o cash.
The sheriff said, "Ah'll settle, if ye cannae pay the fine,
Fur a bottle o yer grannie's famous elderberry wine."

Some puir misguided craiters mak an awfu song an dance
Owre fancy wines fae Germany or Italy or France.
They pay thae fancy prices, an the booze is no sae bad,
An whiles A'll tak a gless o't if it's aw that's tae be had.
But Scotland can dae better than the produce o the vine
There's whisky, an ma grannie's far-famed elderberry wine.

Whit made her magic recipe A wish that A could tell.
A've tried fur years an years on end tae mak the drink masell,
An fur a freenly gless or twa ma wine is guid enough
Bit och! compared wi grannie's it's gey ordinary stuff.
Kind freens that share a drap wi me, they ane an aw opine
"Man, ye cannae beat yer grannie at the elderberry wine."

Then here's tae guid auld whisky! A widnae cry it doon,
An if it wisnae hauf sae dear A'd stan ye aw a roon
Bit grannie's elderberry wine wis aye the drink fur me,
The taste surpassin nectar. Ay. An mind ye! It wis free!
Sae here's a toast tae Scotland, an here's tae auld lang syne.
An here's tae ma auld grannie an her elderberry wine.

Elderberry Wine Anglais

My grannie was a genius. Her baking was a treat.
Her pancakes and her girdle scones were fabulous to eat.
Her dumplings and beef olives made her dinners simply grand
Her jams and jellies were among the finest in the land.
But though her skill in cookery was very near divine
The cream of all her kitchen was her elderberry wine.

The wonder of her brewing brought her fame from far and
    near
And connoisseurs agreed that it got better every year,
And strangers passing through the town would visit her in
    haste
To try to win her favour and just maybe get a taste,
And if they got the offer they would none of them decline
To drink a health to Grannie in her elderberry wine.

One wintertime my grandfather had got a fearful cough.
He'd wheeze and sneeze and splutter till his head came
    nearly off.
He had to call the doctor in, regardless of the fee,
And asked him in a whisper, "Will this be the death of me?"
The doctor only laughed and said, "Away man! You'll be fine
With a glass or two of your wife's home-brewed elderberry
    wine.

You've heard of British justice, but you never heard the like
When I was fined a fiver just for speeding on my bike.

My father only muttered, "Well, you shouldn't be so rash."
Though I was just a boy and so was always short of cash.
The Justice said, "I'll settle, if you cannot pay the fine,
For a bottle of your grannie's famous elderberry wine.

Some poor misguided drinkers make a mighty song and dance
On fancy wines from Germany or Italy or France.
They pay fantastic prices and the booze is not too bad -
I'll bring myself to drink it, if it's all that's to be had.
But Britain has far better than the produce of the vine -
Scotch whisky, and my grannie's far-famed elderberry wine.

My grannie's magic recipe I only wish I knew.
Although I've tried for years on end the best that I can do
For just a friendly glass or two is maybe good enough,
But when compared with Grannie's it's just ordinary stuff.
Kind friends that share a glass with me, they one and all
                                                                          opine,
"You'll never beat your grannie at the elderberry wine."

So here's to good Scotch whisky. I wouldn't cry it down.
There was a time a bottle was ten bob plus half a crown.
But Grannie's elderberry wine was still the drink for me,
Its taste surpassing nectar, and above all it was free!
So here's a toast to Bacchus, and here's to auld lang syne,
And here's to my old Grannie and her elderberry wine.

Postie Kemp, Contemplating Retirement

A'll no get up at six o'clock,
A'll no get up at sivin,
But echt or nine'll dae me fine
An ten'll be like Hiven.
A'll hear the windaes rattlin
Wi wintry winds that blaw,
An peety posties battlin
Wi hail an sleet an snaw.
A'll think o icy mornins
That freeze thae hardy men,
An then A'll turn owre in bed
An gang tae sleep again.

o-0-O-O-O-0-o

For the English

I shan't get up at six o'clock,
Nor shall I rise at seven,
But eight or nine will suit me fine,
And ten will be like Heaven.
I'll hear the windows rattling
With wintry winds that blow,
And pity postmen battling
With hail and sleet and snow.
I'll think of icy mornings
That freeze these hardy men,
And then I'll turn over
And go to sleep again.

Answer to Aphis

It was a braw, bricht simmer day
When A went oot, intent tae spray
Ma rose, wi muckle pride invested,
That wis wi greenfly thick infested.
But as A went tae pu the trigger
A heard a weeny voice, nae bigger
Than gnat's or flea's - in fac, sae sma
It hardly wis a voice at aw.
"Haud off," it said, "yer nesty stuff
That kills a thoosand wi ae puff.
Tae think, we - here afore the Druids -
Are pooshint noo wi noxious fluids.
Gie ower on yer ae-sided war.
Whit dae ye think a rose is for?
Can ye no see its foremaist use is
Tae provide us wi its juices?
The swellin buds we lo'e the best,
But whiles we'll settle for the rest.

There wis a time - it's mony a year,
Lang, lang afore ye men were here -
When greenflees' richts were uncontested
An we could sook here unmolested
Except by thae pernicious thugs,
The hover-flees an ladybugs.
Noo shairly ye can grant a place
For oor maist humble, ancient race.
Ye cannae think tae act sae meanly.
Come on noo! Be mair eco-freenly!
Oor sins (if ony) please forgive.
Put by yer spray, an let us live."

It touched ma hert, this piteous plea.
A'd half a mind tae let them be.
But when A saw ma rose's fate,
Its bonny buds in sic a state,
A felt ma hert again tae harden.
A said, "Ye've dune ower much tae pardon,"
An aimed the spray, an wi ae shot
A polished off the_____* lot.

* Interactive poetry. The reader is left to supply his/her own adjective here.

Answer to Aphids

'Twas on a fine bright summer's day
That I went out, intent to spray
My rose, with garden pride invested,
Which was with greenfly thick infested.
But as I went to pull the trigger
I heard a tiny voice, no bigger
Than gnat's or flea's - in fact so small
There hardly was a voice at all.
"Keep off," it said, "your nasty stuff
Which kills a thousand with one puff.
To think we - here before the Druids -
You poison now with noxious fluids.
Give over your one-sided war.
What do you think a rose is for?
Can you not see its foremost use is
To supply us with its juices?
The swelling buds we like the best,
But we can manage with the rest.

There was a time - gone, many a year,
Long, long before you men were here -
When greenfly rights were uncontested.
We sucked the juices unmolested
Except by these pernicious thugs,
The hover-flies and ladybugs.
Now surely you can grant a place
For our most ancient, humble race.
You cannot surely be so mean.
Come on, now - be more eco-green!
Our sins (if any) please forgive.
Put down your spray, and let us live!"

It touched my heart, this piteous plea.
I'd half a mind to let them be.
But when I saw my rose's fate,
Its buds and leaves in such a state,
I felt my heart again to harden.
I said, "You've done too much to pardon!"
And aimed the spray, and with one shot
I polished off the _____* lot.

* Interactive poetry. The reader is asked
to supply the missing word(s).

The Bluebottle

Why dinnae they open the windae?
Why dinnae they open the door?
Why dinnae they open the windae
as wide as they had it afore?
A'm bashin ma held till A'm mair than hauf deid
agin this invisible pane.
A want tae get loose fae this terrible hoose,
sae open the windae again.

She wis makin the redcurrant jelly,
an och! whit a wunnerfu smell.
A wantit tae fill up ma belly
until it wis roon as a bell.
Jist whit A wis hopin - the windae wis open,
sae intae the kitchen A flew.
A golloped enough o the glorious stuff,
bit A cannae get oot o here noo.

Ochone! fur the windae inventor
wi niver a thocht fur us flees.
His gless is oor foremost tormentor,
tae tantalise, torture, an tease.
We buzz in the windae. The wives mak a shindy
an steer up their somnolent men.
Noo gie owre that caper wi rolled-up newspaper -
jist open the windae again.

The Bluebottle

Oh why don't they open the window,
or why don't they open the door?
Oh why don't they open the window
as wide as they had it before?
I'm butting my head till I'm nearly half dead
against this invisible pane.
I want to get free, like the bird in the tree.
Please open the window again.

She was making the redcurrant jelly
and oh! what a wonderful smell.
I thought I would fill up my belly
until it was round as a bell
Just what I was hoping - the window was open,
so into the kitchen I flew,
but after enough of the glorious stuff
it was shut. Now what am I to do?

Alas! for the window inventor
with never a thought for us flies.
His glass is our foremost tormentor,
to torture us and tantalise.
The women all fuss and are nasty to us
and stir up their somnolent men,
but don't flap and caper with rolled-up newspaper -
just open the window again.

Winter Wauknin

A'm in ma bed, aw fine an cosy,
No deid asleep, but unco dozy.
A'm clingin tae a bonny dream -
The star o Scotland's fitba team.
Bit then the milkman's float gaes by;
Milk bottles clink, an tho a try
Tae cover owre ma lugs, nae fears!
Ma dream's awa an disappears.

Nocht can A mak oot in the gloom
An hovrin blackness o the room
Till fae ma bed, sae snug an warm,
A see the darkness takkin form.
The windae looms, a sullen grey,
Tae signify anither day,
An blustrin winds wi blattrin rain
Rattle upon the windae pane.

* * *

Five minutes mair, or mebbe ten,
A'll coorie doon in bed, an then
A'll up an face the world again.

Winter Wakening

I'm in my bed, all fine and cosy,
Not fast asleep, but fairly dozy,
And trying hard to hold my dream -
The star of Scotland's football team.
But then the milkman's float goes by;
Milk bottles clink, and though I try
In haste to cover up my ears
My dream dissolves and disappears.

Naught can I make out in the gloom
And hovering darkness of the room
Till from my bed, so snug and warm,
I see the shadows taking form.
The window looms, a sullen grey,
To signify another day,
And blustering winds with wintry rain
Rattle upon the window pane.

            * * *

Five minutes more, or maybe ten,
I'll snuggle down in bed, and then
I'll rise and face the world again.

The Girl With The Grey-green Eyes

On leave - but my heart was weary.
Dispirited and alone
I wandered, and found life dreary -
No company save my own.
Sudden the dark clouds o'er me
Vanished - in glad surprise
I looked up and saw before me
The girl with the grey-green eyes.

I noticed a long time after
Her dress was a misty blue,
But her eyes were the colour of laughter,
The sweetest I ever knew.
Her lips were as soft as flowers,
Her voice was the joy of Spring,
As tender as April showers,
As gay as the birds that sing.

Though hardly a word was spoken,
And soon we were far apart,
Her smile is a charm unbroken,
That lingers within my heart.
And now, as I travel under
This alien sky, I see
Her grey-green eyes, and I wonder
If ever she thinks of me.

From the South

The cool North winds surrender
When on my cheek they blow
From you a message tender,
Who are as pure as snow.

The South, when in your tresses
It lingers, bears anew
A million soft caresses
I give to it for you.

From Dorset - April, 1944

Remember this. Though I am gone

Yet I am near, and very near

From darkening to the frosty dawn.

Now Spring awakes the wondering year

And sprinkles on the yearning lawn

Her trembling diamonds, I hear

The soaring skylark's joyous song,

Singing of you, of love and you,

Of you and love the whole day long,

And all the reach of white and blue

Is changed, is vibrant with a throng

Of wild desirings, and anew

My hidden longings rise and grow,

Grip me, and will not let me go.

After So Many Years

I felt your finger touch my face

After so many years.

I reached, and found an empty place,

And I awoke with tears.

A Dream

Last nicht ye cam again. Ye didnae speak.
A longed tae tak yer hand, tae stroke yer hair,
Tae haud ye close tae me, an kiss yer cheek,
But when A looked again, ye wernae there.

Why dae ye come? Ye look for me, and then
When A wad move, ye vanish fae ma sicht.
Come ye nae mair! Come no tae me again!
No! Come whene'er ye like! Come every nicht!

A Dream

Last night you came again. You did not speak.
I longed to take your hand, to stroke your hair,
To hold you close to me, and kiss your cheek,
But when I looked again, you were not there.

Why do you come? You look for me, and then
When 'I would move you vanish from my sight.
Come you no more! Come not to me again!
No! Come whene'er you like! Come every night!

Lament

A wander lanely in a crowd
That clings aboot me like a cloud
Or flows, like river tae the sea,
Bit niver ane is dear tae me.

In hoose or ha, in ivry place,
A miss a weel-beloved face.
Nae ither can delicht ma ee
Sin ma dear love is lost tae me.

The happy lovers whiles A meet
Gaun haun in haun - it gars me greet.
Sic happiness nae mair A'll see
Sin ma dear love wis reft fae me.

The warld, tae some sae fine an fair,
Is drumlie tae a hert sae sair,
An joy an comfort canna be
Sin ma dear love is lost tae me.

Lament for Ellen

Oor gentle Ellen's left us aw
Efter a fecht baith sair an lang,
Weary at last tae win awa,
Bit A wis laith tae let her gang.

Ma Ellen sweet, ma dearest dear,
It wrung ma hert tae see ye dwine,
Tae gie ye jist anither year
A wid gae forfeit ten o mine.

Ye wir ma life, ma love, ma joy,
Sae close, sae dear, A cannae tell.
Ye wir pure gold, wi nae alloy.
Ye made me better than masell.

Fu fifty year, aye side bi side,
We bore the dunts an clours tegither.
A day apairt wis sair tae bide,
Sae twined we wir wi ane anither.

Ma Ellen, ye were leal an true.
Ye lo'ed me mair than ma desert.
A wis yer sun an moon. Bit noo
Ye're gane, an och! It braks ma hert.

The Garden

This is the garden you knew,
The lawn and the herbaceous border,
The apple trees standing in order.
You watched them, with me, as they grew.

Together we dug out the pond,
We planned and we planted together,
But I made the border of heather
And you laid the pathway beyond.

Campanula covered the wall
That we built, and - a wonder to see -
The little green strawberry tree
That we planted grew bushy and tall.

This is the garden we made
Together, but now I alone
Decide when the grass shall be mown
And dead-head the flowers as they fade.

The garden is here, but without
Your loving, the sun has gone out.

Alzheimer's

Here's an end tae aw oor lovin,
Here's an end atween us twa,
Here's an end tae joy in livin,
Ellen, noo that ye're awa.

Weel A kent ye tae adore me,
Weel ye felt ma love respond.
Noo alane, whit lies afore me? -
Empty days, an years beyond.

Dearest, A could niver tell ye
Aw the achin love A feel,
An the horror that befell ye
Twisted in ma hert like steel..

God, if God there be abune us,
Tak a bitter word fae me -
When they say Ye love puir sinners
A will answer them, "Ye lee!"

Alzheimer's

Here's an end to all our loving,
Here's an end between us two,
Here's an end to joy in living,
Dearest Ellen, wanting you.

Well I knew you to adore me,
Well you felt my love respond.
Now alone, what lies before me? -
Empty days, and years beyond.

Dearest, I could never tell you
All the aching love I feel,
And the horror that befell you
Twisted through my heart like steel.

God, if God there be above us,
Spying on us from on high,
When the parsons say you love us
I shall answer them, "You lie!"

Blackbird's Song

A weary wind, a lowrin sky,
The day wis drear, an sae wis I.
When fae the leafless rowan tree
A lanely blackie sang tae me.

Tae me he sang. There wis nae ither.
The birds had left us awthegither.
Nae rival challenged him. Nae mate
Respondit tae his sang sae sweet.

For me, wha had nae hert tae sing.
The Winter had nae hint o Spring
Bit och! his music thrilled the air
Wi Spring tae come, an mony mair.

"Pair bird," thocht I, "Ye're aw yer lane.
A doot yer state is like ma ain.
Sweet sangs that ask for nae reply
If ye can sing, then sae maun I"

Braid Thochts Fae a Hame

Oh tae be a young man
Noo that April's here.
It's grand tae be a young man
At wauknin o the year.
The gairdens fu o daffodils,
The linties giein tongue,
The snaw fast fadin fae the hills -
Oh tae be young!

Aye, Spring is grand for young men,
An lasses young as weel.
When they foregaither i the Spring
Love plays the very deil.
The wind blaws saft, the wids are green -
Hoo many sangs are sung
O love that was, or micht hae been!
Oh tae be young!

Hoo mony years hae come tae pass
Sin thae lost happy days,
When first A kissed ma bonny lass
Or baskit in her praise.
Bit noo A'm locked in harbour drear
Tae wear time oot among
The dreamin auld, withoot ma dear.
Oh tae be young!

Octoplus

When I get on a crowded bus
or on this packed suburban train
I do not wish to cause a fuss,
and, standing, I do not complain.
Humiliation is complete,
the situation out of hand -
a woman rises from her seat,
and tells me she prefers to stand.

Codling Moth

Breathes there a man with soul so dead
Who never (to himself) hath said
A wicked word, if he should crunch
Within his apple after lunch -
A parson would forget his cloth -
A maggot of the codling moth?

In olden times the yeoman grew
A Ribston Pippin tree or two.
But when he saw the apples fall
Before they were half ripe at all
He scowled, and muttered, "By my troth,
It be ye dam-ned codling moth!"

In Devon and in Somerset
The cider apples flourish yet,
And fallers do not go to waste.
'Tis said that they improve the taste,
And cider is as rich as broth
When fortified with codling moth.

The Bramley apple is the king
Of cookers - but a dreadful thing
Occurred - it was my favourite dish,
Stewed Bramley apples. How I wish
I had not found, among the froth,
Dismembered bits of codling moth.

Mayflies

For years they shelter in the cool
Dark waters of the shady pool,
Until a warmer sun of May
Alerts them to their wedding day.
Then in their myriads they rise
To leave the stream and seek the skies,
And in the evening air they form
A living cloud, a stingless swarm.
No time for food. A feast of love
Awaits them in the air above -
An interruption cannot be
To their blind mating ecstasy.
Lost in their fatal frenzied dance
Above the pool they skim and glance
Until, all lust and loving past,
Into the stream they fall at last,
As if it were their dying wish
To be a banquet for the fish.
Fulfilled the mission for each fly,
In one bright day to love and die.

O'er These Wide Moors

O'er these wide moors
The clouds, like airships, pass.
Like carpets out of doors
Their shadows dim the grass.

The sun is warm
But the soft breeze is chill.
On my bare arm
The downy hairs are still.

No sound is heard
On this late summer's day,
Only a lonely bird
Calling from far away.

Spring Song, 2001

The woods are growing green with Spring
And in the branches blackbirds sing.
The fields are lush green carpets spread
To feed the cows - but they're all dead.
These flames are not your Beltane fires -
They are the cattle's funeral pyres.
The beasts were sick. The beasts were shot
- of course, humanely - then the lot
Were burned, a remedy thought best
To give protection to the rest.

   * * *

What fate then waits for me and you
If by mischance we catch the flu?

To The Dandelion

The golden harbinger of Spring
That lingers all the Summer through,
Of other flowers let others sing.
I sing of you.

Like jewels in the dewy grass
Like glints of sun on Winter days -
Others may challenge, none surpass
Your golden rays.

And there, half-hidden, underneath
You spread the tortoise's delight,
Your lush rosette of lion's teeth
That never bite.

Projected by the children's breath
Your parachutists take the air,
And, hovering between life and death,
Float everywhere.

Banned from the trim suburban lawn,
In fields and shady lanes you thrive.
When lawns and gardens all are gone
You will survive.

The Weatherman

I wish he knew what he's about.
He's given us five weeks of drought,
With not a spoonful for the garden.
I find that very hard to pardon.
I wonder, does he feel no guilt
For seeds that wither, flowers that wilt?
He'd find no gardener complain
At one long day of friendly rain.

Midges

Oh, Scotland is a bonny place
With hills and glens and heather.
Her balmy winds caress your face
(Depending on the weather).
But though I love her fields and woods
Her lochs and snow-capped ridges,
Her smiles, her tears, her changing moods,
I can't abide her midges.

How sweet to roam at eventide
And sniff the scented breezes,
A bonnie lassie by your side -
Then every prospect pleases
By river banks true lovers meet
To linger on the bridges,
But soon they beat a swift retreat
Before the hordes of midges.

Climbers and walkers love the great
Sea lochs and mountain passes,
But oh, the tortures that await
Defenceless lads and lasses.
It is a painful sight to see
Their twitches, slaps, and fidges,
As down the glen they're forced to flee
Pursued by rampant midges.

When summer air is calm and mild
And scenery is glorious,
That,is the time they drive you wild
And hold the field, victorious.
But when the air's Sahara hot
Or colder than a fridge is,
You may walk freely, and be not
Half-eaten by the midges.

Scottish Morning Rolls

I sing a song of Scotland,
But not her craggy bens,
Her lochs, her shining rivers,
Her friendly straths and glens.
Above her famous whisky,
More than her steaming bowls
Of porridge, I would sing the praise
Of Scottish morning rolls

Upon a winter's morning
When skies are bleak and grey
A Scottish roll will cheer your soul
And drive the blues away.
And when the day is dreary
There's nothing else consoles
And lifts the heart, or heals the smart,
Like Scottish morning rolls.

I love to see the golden,
The crisp and crackly skin,
And then to taste the wonderful
Ambrosia within.
With butter and/or marmalade
There's naught between the poles
Can start the day with ecstasy
Like Scottish morning rolls.

The rolls they make in England
Are nothing like the same.
It's hard to think they really are
Entitled to the name.
Ask any (bar an English) man

And every one extols
The vast superiority
Of Scottish morning rolls.

Perhaps no-one believes me -
Each thinks his own is best.
Such partisanship grieves me,
So put it to the test.
Just come away to Scotland,
Forget your dules and doles,
And while you stay begin each day
With Scottish morning rolls.

Breakfast at Crianlarich

The sleeper goes on to Fort William
For Oban you have to arrange
For calling before Crianlarich.
It's there you must get out and change.
You might think it sad and forsaken,
But pop in the café. You'll find
An egg and two rashers of bacon
Will lead to your changing your mind.

The train lumbers into the station,
And though it is half an hour late
There is, as you learn with elation,
An hour and a quarter to wait.
Your faith in the train is unshaken -
There's time now to eat, you can tell,
An egg and two rashers of bacon,
And perhaps have a sausage as well.

If ever you see Crianlarich
You'll find (for the café is small)
When the sleeper arrives it is crowded
With walkers and climbers and all.
For if to the hills you have taken,
And your pack is a wearisome load,
An egg and two rashers of bacon
Will set you up well for the road.

The provender at Crianlarich
May meet with the gourmet's disdain.
To others it's manna from heaven,
And not just to those from the train.

But oh, it is grand to awaken
With the hills all around in array -
And an egg and two rashers of bacon
Make a marvellous start to the day.

To A Friend

Fair friend, this ageing face you see,
this tired and wrinkled skin,
is my protective shell, to hide
the youth who dwells within.
My eyes
that peer from my disguise
confide
no secrets, and the show
conceals the quintessential me
whom you can never know.

But looking inwardly I find
no solid, central core,
enlightened only, in the end,
as little as before.
By Freud
I am not overjoyed.
I tend
to think: this can't be true -
I to myself am just as blind,
as ignorant as you.

Life's a Game

You can think of life as a game
If you like, but you must agree
It has, for a crying shame,
A damn poor referee.

***

"Yes, life is a funny old game,"
He said, between wheeze and cough.
And he played fair, but all the same
The referee sent him off.

***

We all of us are players
In this Game of Life, my friend,
But even the strongest stayers
Get carried off in the end.

***

But where's the opposing team?
And where on earth is the ball?
Wake up from your foolish dream!
Life isn't a game at all.

Millennium

Now that the frenzy is finished,
Now that the feasting is done,
Now that the din has diminished,
Great wonders shall follow the fun.

To honour our bright new millennium
And show their respect for the times,
The wicked shall never take any um-
Brage when convicted of crimes.

The rich shall give all to the paupers
With handouts for all that they meet,
And kindly, compassionate coppers
Shall take sleepers home off the street.

Old England shall conquer at cricket;
At golf it shall be runner-up.
And the Queen shall go begging a ticket
To see Scotland win the World Cup.

With honest, sincere politicians
All lies and evasions shall cease,
While warmongers travel on missions
To bring about permanent peace.

The proud shall bow down to the humble,
Bright portents shall light up the sky,
The empire of evil shall crumble,
And pigs shall start learning to fly.

Nothing At All

When I was at school I thought learning was great,
But out in the playground the bullies would wait,
And when they picked me for their verbal attack
I bristled to fight them or answer them back,
But my mother said, "John, you know you are small.
Don't fight them. Don't answer. Do nothing at all."

The sergeant kept shouting, "The army is fine.
The regiment's famous, the right of the line.
They'll call you up anyway, if you resist,
So now is the very best time to enlist."
I said to myself, "Leave the sergeant to bawl.
Don't heed him. Don't answer. Do nothing at all."

The Martian Explorer requires volunteers
To join in the greatest adventure for years.
The chance of returning is one out of five,
But they will be heroes, all those that survive.
But when they cry, "Who now will answer the call?".
Don't step out. Don't answer. Do nothing at all.

The path wasn't clear and the going was rough.
The journey of life was adventure enough.
You fought the good fight, and you ran with the best.
You carried your burden. It's time now for rest.
It's time now for slumber, so, face to the wall,
Don't listen. Don't answer. Do nothing at all.

Soft Touch

Protect me from charities' pleading,
For though I don't care for them much
They soon have my tender heart bleeding.
Alas! I'm a very soft touch.

The halt and the lame and the ailing,
The tramps and the tinkers and such,
All play on my terrible failing -
They know I'm a very soft touch.

The blind man who eyes me so greedily,
The crippled man waving his crutch,
They know I'll succumb very speedily,
Passed down as a very soft touch.

If only, I dream, I could trek out
Far, far from the mendicant's clutch!
But I find myself writing a cheque out,
Because I am such a soft touch.

Henceforward my heart I must harden
If need be with courage that's Dutch,
Not be plucked, like a rose from the garden,
A hypersoft, supersoft touch.

Of Course

I can't accept I was to blame
For what occurred. I'll bet a fiver
In my place you'd have done the same,
And so would any other driver.

I may have had a pint or two,
But when I saw the lights ahead
I did what anyone would do -
Put down my foot to beat the red.

A warning? Now you come to mention
It, I think I heard a shout.
Of course I paid it no attention.
Then this old codger shuffled out.

Now should I swerve or should I not?
There wasn't time. I heard a thud,
Then felt a bump. Who would have thought
That the old man had so much blood

In him? Of course they made me stop,
But there was nothing I could do
To help. Of course I told the cop
It was his own fault. Wouldn't you?

Curmudgeon

There's something missing from the day -
The builders all have gone away.
The street is strangely silent, lacking
The plaintive pipe of lorries backing,
For now no lorry sheds its load.
No travelling crane breaks up the road.
The tumult and the shouting cease.
O joyous day! O heavenly peace!
And yet, without the workman's cry it
Seems unnaturally quiet.
Let's soak up silence while we may,
For peace may perish with the day.
Fate gives our wished-for world, and then
It shatters it to bits again.
Strangers will fill the new-built flats
With barking dogs and mewling cats
And hordes of hateful, howling brats.

The Litter-Lout's Plea
For Understanding

I am your friend, the litter-lout,
Though I have been condemned by some.
You'll often know I've been about
Because I leave my chewing gum,
When I have finished chewing it,
Wherever I may chance to spit.

I think I am misunderstood
So let me make my motive clear.
I think it can be only good
To let you know that "X woz `ere!"
It brings a warmth, a human touch,
To places drab and drear and such.

In town or country, anywhere
I go, I like to leave a clue.
I like to think that you will care
To know that I preceded you,
And so, ignoring rubbish bins,
I leave my pile of lager tins.

It is my privilege to chuck,
Wherever I may drive or hike,
My plastic bottles and such muck
Down on the ground just as I like.
It adds a bit to my enjoyment
And gives the locals some employment.

I hope, my friends, that I have shown
The kindly thought behind my labours.
If you have rubbish of your own

Just dump it in the street. If neighbours
Should dare to sniff or disapprove
Suggest that they up sticks and move…

Wherever I find space to write
I leave my own distinct graffiti,
My artistry, for your delight,
So please respond to my entreaty
And recognise, without a doubt,
I am your friend, the litter-lout.

Lament for Greenhill, Harrow

Come citizens and see
Your fate now looming -
Stage 1, Stage 2, Stage 3 -
Your town is booming.

Where once the ancient spire
And green hill beckoned
The planners now require
That God comes second.

Before the hill there drops
A concrete curtain.
Our small familiar shops
Go for a Burton.

A massive office block
Conceals the steeple,
And mega-buildings mock
The micro-people.

Soon we shall only know
These grand emporia,
Yet, strangely, shoppers show
Not much euphoria.

Once every housewife knew
Her friendly grocer,
And cars and crimes were few,
And neighbours closer.

Now shoppers seek from far
The supermarket,
And home again by car
Need space to park it.

Now oil and petrol fumes
Assault our noses,
Where once were beauteous blooms
And scent of roses.

But we must share the guilt
If in our gardens
Uprooted roses wilt
And concrete hardens.

SLC*

(SearchLight Control)

The drone of bombers overhead
disturbed the quiet night
and brought us, cursing, out of bed,
the servants of the light.

Hand-turned, the generator coughed
then settled to a hum.
The radar screens glowed green and soft,
and yawning, cold, and numb,

The operators, half asleep,
peered at the glowing green
to find a tell-tale blip, and keep
it steady on the screen.

"On target!" from the layer, left.
"On target!" from the right.
"Light!" and a spear of silver cleft
the darkness of the night.

Then, like a lonely golden thought
within a misty dream,
a tiny silver fish was caught,
speared on the blinding beam.

And there was beauty! Hard to know
the drone was voice of doom,
the silver fish a mortal foe
with death within its womb.

* An early use of radar.

The Game of Life

Life may be likened to a game of chess
Where most of us are pawns, we must confess.
Our destinies are ever in the hands
Of Fate, which moves us - blindly, more or less.

How timidly we step out at the start,
Then, from an early skirmish taking heart,
We rashly push ahead - alas! the line
Is blocked. Our cunning schemes all fall apart.

One lucky pawn attains to be a queen,
But then a black knight sidles up, unseen.
A moment's exultation, then he leaps -
And then - she is as if she'd never been.

Some from the start are gifted higher powers,
And with the arrogance that pride endowers
They slash and slay, then by a puny pawn
Are taken off - no better fate than ours.

And some of us, pushed forward in the game,
Are sacrificed for some superior aim.
No matter whether it succeeds or not,
For us the play is ended, just the same.

O Love, could you and I with Fate conspire
To grasp this sorry Game of Life entire,
Would we not tear up all the rules, and then
Rewrite them, nearer to the heart's desire.

* * * * *

A very minor poet, such as I am,
I woefully, however hard I try, am
Surpassed by far by those who went before,
FitzGerald and the master, Omar Khayam.

Glossary

A
ablow	below
abune	above
ahint	behind
aince	once
aneath	underneath
atour	across
auld(er)	old(er)
aw	all
awa	away
awmaist	almost
awthing	everything

B
bairn(ie)	young child
baith	both
becloods	beclouds
bide	1. stay, live 2. bear
birl(in)	spinning
bittie	small part
blackie	blackbird
blattrin	rattling
blether	gossip
bluid	blood
bocht	bought
bogle	phantom
brae	slope
brawlie	splendidly
breeks	trousers
breist	breast
bricht	bright
brocht	brought
but an ben	two-roomed cottage
byordnar	extraordinar(ily)

C
cam	came, became
cannae	cannot
(no) canny	unnatural
cauld(er)	cold(er)
certes	certainly
chiel	(young) man
claes	clothes
clours	blows
coorie doon	crouch
cooped	upturned
craiter	creature
croon	crown

D
dae(in)	doing
daffin	flirting
darg	work
danders	tempers
daun(d)er	saunter
daunten	frighten
daur(na)	dare (not)

Glossary

dee	die
deid	dead
deil	devil
dicht	wipe
dinnae	don't
disnae	doesn't
divot	turf
doon	down
doot	doubt
douce	pleasant
dour	stern, hard
drumlie	gloomy
dune	done
dunts	knocks
dwaibly	feeble
dwine	wither away

E

echty	eighty
ettlin	intending

F

fa(ain)	fall(ing)
fae	from
fash	worry
faur	far
faut	fault
feart	afraid
fecht(in)	fight(ing)
feck	large number
fegs	goodness!
fell	extremely
fitt	foot
flee	fly
floors	flowers
forby	as well
forfochen	very weary
foosty	musty
freenly	friendly
freens	friends
fricht	fright
fule	fool
fyle	dirty

G

gae(d)	go, went
gane aff	died
gang(yer ain gait)	go (your own way)
gantin	yawning
gar(d)	make, made
gaun	going
get yer licks	be punished
gey	very
gie(d)	give, gave
gin	if
glaikit	stupid
glaur	mud
glowrin	staring
gowk	idiot
greet(in)	weep(ing)
grue	shudder
Guid kens	God knows

Glossary

H
ha	hall
hae(in)	have, having
hairst	harvest
hale	whole
haud	hold
hauf	half
haun	hand
havers	nonsense
heid	head
heidless	mindless
hoast(in)	cough(ing)
hoo	how
hovrin	hovering

I
ilk(a)	each
isnae	isn't

J
jalouse	suspect
jo	sweetheart

K
ken	know

L
laith	loath
(aw yer) lane	on your own
lauch(ed)	laugh(ed)
leal	faithful
licht	light
limber	nimble
linties	linnets
lo'e	love
loon	lad
lour	frown

M
makar	poet
masell	myself
maun(na)	must (not)
micht(y)	might(y)
midden	dungheap
mirk	darkness
mishanter	misfortune
mony	many
muckle	large (amount)
mune	moon

N
near haun	very near
neeps	turnips
nicht	night

O
oan	on
ocht	anything
onywey	anyway
ootby	outside

Glossary

orra loon	odd job boy	sowls	souls, people
owre, ower	over, too	spankin	walking fast
		speug(ie)	sparrow
P		spile	spoil
pattle	small spade	spry	agile
pechin	panting	stacher	stagger
peerie	very small	staney	stony
peety	pity	stannin	standing
pentit	painted	staun	stand
perjink	neat, trim	stoot	stout
pey	pay	stot	bounce
pit (by)	put (away)	stour(y)	dust(y)
ploo(in)	plough(ing)	stravaigin	wandering
pu	pull	strecht	straight
puir	poor	stummle	stumble
		sune	soon
S		syne	1. ago
sae	so		2. next
sappy	juicy		
sarnie	sandwich	**T**	
scrievin	writing	tapsalteerie	upside down
shair	sure	tassie	glass, cup
sic	such	tattie	potato
sin	since, because	thae	those
		thocht	thought
slaiter	woodlouse	thochty	small amount
smidgin	small amount	thole	endure
smudge	smear	thrang	busy
socht	sought	ticht	tight
soop	sweep	tint	lost
		trauchlin	trudging

Glossary

trig	neat		
tup	ram	**Y**	
twined	united	yestreen	1. yesterday
			2. last night
U		yin	one
unco	1. very		
	2. weird		

W

waefu	woeful
wally dugs	china dogs
wame	stomach
waukin	awake
wauknin	wakening
waur	worse
weel-kent	well-known
weeny	very small
wham	whom
whaur	where
wheen	lot, many
whiles	(at) times
whilie	short time
whisht	hush, listen
whit wey	why
windaes	windows
winnae	won't
wizent	withered
wrang	wrong
wrocht	worked